未来を生きる子供の教育

語り　佐々田亨三

推薦の言葉

推薦の言葉

元秋田大学学長　新　野　直　吉

昭和38（1963）年に秋田大学の史学研究室で佐々田亨三氏に出会った時、「高橋学生は冷静」との印象が強かった。大学と学生間等の「啓明寮問題」で示した態度もそれを否定するものではなかった。

西洋史の学生と日本古代史の教師は、秋田大学附属中学校勤務でこれが一変したと感じている。佐々田氏は熱い教師となっていた。昭和28（1953）年に私が秋田大学に赴任した際の直属上司が附属中学校の校長を兼務していたので、不思議ではないのだが、私は昭和42（1967）年秋には九州地方の実地調査で留守中に学部の補導委員長に選出されるとか、昭和52（1977）年に大学の学生部長に任ぜられるとか、学生補導の任を兼務した経験はあるので、その面に選任されることは予想もできたが、附属中の校長にされることは全く考えていなかった。附属中側も意外であったたであろう。

そのことが決まった教授会が済んだばかりで、研究室に帰り何も始めなかったところに、佐々田氏が息を切らして来室されたのである。開口一番「うちの校長になるって本当ですか」と言ったのである。「うん、自分でも驚くばかりだ」との応答になった。附属中の幹部も「新野校長」は不思議に思い、親しい氏に確認の任を託し、派遣したものであろう。

附属中在勤中の親交は当然あったが、夫人とお目に掛かり、ご家族とも親しくなり、殊に昭和51（1976）年夏に幾十年かぶりで佐々田家長男の悠君が誕生し、附中生になってからは老若間に交じりが生じた。悠君は日本古代史を研学し、東京大学文学部国史学科へ入学し、大学院修了。日本古代史の〝宝〟である正倉院での研究勤務になられて、私は期待が深くなった。同職の夫人との結婚式には奈良に出向し、参列させていただいた。

今寄稿に当たって資料に目を通し、佐々田氏が県内外の職務を務められたことを再確認し、私が県立博物館長の際は関係者として具体策にも口を出したことなど想起した。この本によって佐々田氏を知っている方はもちろん、初めて知る方も多くの教訓を受けることになると信じた。

佐々田氏の今後のご活躍も期待する。

（2023年2月、自宅書斎　98歳の誕生日を間近にして）

目次

■推薦の言葉
■私の少年時代
未来担う子供を育む……14
ぼんやりと教師の道……17
就職組のつらさに涙……20
歴史の大切さを認識……23
慈しみあっての人生……26
■大学進学、学びの口々
教師目指し秋田大進学……30
議論こそ学生の本分……33
教授陣の博学に感銘……36
卒論は学業の集大成……39
「調整」の必要性学ぶ……42
TT、画期的な授業法……45
昭和の全国学力テストショック……48
■教師の道へ
郷里で念願の教師に……52
授業通し自立を促す……55
3教科入試に疑問も……58
大規模校赴任で奔走……61
積極的に学校外活動……64
「悩める子供」に悩む……67
■「ゆとり教育」の時代
大改革のゆとり教育……72
研究・工夫に一層拍車……75
身近な題材、意欲向上……78
教師増員へ知恵絞る……81
現場で「TT」に自信……84

■「少人数学級」導入
少人数学級、先行導入……88
学力低下の問題露見……91
全国学力テスト、再開の予感……94
小学でも教科担任制……97
■模索は続く
専門監も重要な役割……102
人生を考える「道徳」……105
研究や工夫の「結晶」……108
知の宝庫で学び推進……111
■地域とともに
学校・地域が一体活動……116
全小中にCSを設置……119
谷川さんの歌に感動……122
避け得ぬ学校統廃合……125
鳥海に抱かれ、守られ……128
遠藤氏の業績に学ぶ……131
■学びとは、教育とは
タブレット活用に挑戦……136
戦前から教育熱脈々……139
教育は人と人の営み……142
■年　譜
佐々田亨三　略年譜……146
あとがきにかえて……152
主な共著・論文など……157

本書は秋田魁新報の聞き書き連載「シリーズ時代を語る」（2021年12月14日～1月23日）を一冊にまとめたものです。一部を加筆・修正しました。

（聞き手＝鈴木亨）

未来を生きる子供の教育

■私の少年時代

未来担う子供を育む

未来を生きる子供たちをどう育めばいいのか——。教師としてずっと考え、試行錯誤してきました。うまくいったことがある半面、どうだったかなと思うこともあります。でも最後は子供たちがその後、どう生きたかに懸かっています。「いい人生」を歩んでくれているとすれば、教師としてこれほどうれしいことはありません。

教育は大きく変遷してきました。一番大きいのは「教える」から「自ら学ぶ」への転換でしょうか。お年を召した方には、先生は怖い存在で、教えられたことを覚えるのが勉強だったでしょう。ところが昭和40（1965）年前後から、子供の「主体的な学習」が重視され、先生は子供に「寄り添い、導く」存在へと変わっていきます。

その後、登場したのが「ゆとり教育」です。従来の詰め込み教育を見直すとともに、過熱する一方の受験戦争を緩和するためでした。しかし、これも大きな転換を迫られます。ゆとり教育を続けているうち、学力が低下したとの反省や批判が台頭してきたのです。

現在はゆとりから抜け出し、かつ詰め込みでもない考え方が主流になっています。「生きる力の育成」をキーワードに、知的にも道徳的にも、さらには体育も含めバランスの取れた教育の実践を目指しています。

秋田の教育は小中学校の「学力全国トップ級」として広く知られるようになりました。その秘密は「探究型授業」にあります。この指導（授業）法は「教育はどうあればいいのか」、それを何十年にもわたって模索してきた数多くの教師はもちろん、教育

由利本荘市岩城亀田の自宅で

関係者たちの研究と工夫の賜物《たまもの》です。その結果が全国トップ級なのであって、全国一を目標にしてきたのではありません。

ぼんやりと教師の道

父が古文書や地域史が好きで母のきょうだいに教師が多かったからでしょう。小さい頃から雑誌や本に触れ、学校の先生が身近にいたことで、自然と進路が教師へと向かったという気がします。

生まれたのは玉米《とうまい》村、後の東由利町、今の由利本荘市です。戦中の昭和18（1943）年9月13日ですから、今年で78歳になりました。父の髙橋徳太郎は農家でしたが、村会議員を務め、農地の土壌改良にも尽力したと聞いています。名字が違うのは28歳の時、家内の佐々田由美子と結婚したことによります。

5人きょうだいの末っ子で三男坊。遅くにできた子供のせいか、体があまり丈夫ではありませんでした。熱を出したり、おなかを壊したり…。母キヲにおんぶされ、よく村内の医院に連れて行ってもらったようです。

父も母も教育熱心でした。「勉強しろ」と言われた記憶があまりない半面、物事に関心を持ち、雑誌や本、新聞といった活字に親しむよう、それとなく仕向けてくれていたと言った方が正確かもしれません。

玉米小（現東由利小）に最も仲が良く、後の人生を決定づけるほど影響を受けた同級生がいます。小松満男さんといいます。父親が村出身で大阪から疎開してきていました。教科書をそらで言えるほど頭が良く、勉強ができただけではありません。

家に遊びに行った時のことです。「満男ちゃん、おやつよ」と母親。「おやつ」という言

玉米中1年の夏、友人たちと（前列左端）。その隣が大阪から遊びに来ていた小松さん＝昭和31年

葉を初めて聞きました。昭和20年代。農村にはお菓子さえろくになかった時代に「都会の生活や文化」を垣間見たのです。

小松さんはその後、大阪大に進み現在、名誉教授。化学が専門で由利本荘市で講演をしてもらったこともあります。「こんな本があるよ」—。玉米小時代、小松さんに薦められ、どれほど理解できたかは別にして、あれこれ読書したことも教師への道を後押ししてくれました。

就職組のつらさに涙

昭和20年代から30年代といえば、野球が大はやりでした。私も小学校高学年から中学にかけて熱中。でも体が弱く、スポーツが得意な方でもありませんでした。玉米中《とうまい》（現東由利中）ではマネジャーを務め、裏方に回ったこともあります。

今考えると、「第一線で活躍する」こともないではありませんでしたが、「控えに回る」ことの大切さを小中時代に覚えたように思います。

玉米中で忘れられないのは、タケノコを採り、ナメコを栽培して缶詰に加工したことです。それが生徒にとって「職業教育」のはしりだったからだけではありません。先生たちが年に一度、その缶詰をお土産に、東京をはじめ都市圏へ就職した卒業生たちの「陣中見舞い」に出掛けていたからです。

仕事がつらい。楽しみがない。お母さんやお父さんら故郷が懐かしくてしょうがない。帰りたい――。先生の話に中学生ながら身につまされました。

しかし就職した卒業生たちの苦しみが本当に分かったのは、もっと後のことでした。どこの中学校でも大人になってから、一度や二度は同級会を開きますよね。集まったメンバーで話が盛り上がる一方、参加しなかった同級生のことに話題が及ぶと、急にみんなの顔が曇りがちになることがあります。

あいつはどうした、彼は音信不通だそうだ――。話の行き着く先は「同級会に集まることのできる卒業生はまだいい方だ。人生、何かとうまくいかなくて、帰りたくても帰れない人も結構いるんじゃないか」。

昭和33（1958）年当時、玉米中の卒業生は100人前後。うち高校へ

父の高橋徳太郎と母キヲ＝昭和30年代、自宅前で

進学するのは10～20人。後は就職するか、農家をはじめとする家業を継ぐかだったと記憶しています。私は高校へ進みましたが、進学しなかった同級生や同窓生への「申し訳なさ」をずっと引きずっていくことになります。

歴史の大切さを認識

昭和34（1959）年4月、本荘高に進みました。自宅から歩いて20分ほどの所に本荘高下郷《しもごう》分校がありました。ノーベル賞候補の遠藤章・東京農工大特別栄誉教授が通った学校です。当時、交通の便が今ほど良くなかったこともあり、親戚筋から下郷分校への進学を勧められました。でもやっぱり、遠くても市部にある本校へ行ってみたかったのだと思います。

大きく目を開かれた高校生活でした。日本史、世界史（東洋史、西洋史）はもちろん、英語や国語、さらに化学の授業にも毎回、刺激を受けました。というのは、先生たちの教養は教科書をはるかに超えており、人間としても魅力的だったからです。

例えば西洋史の先生は、東大哲学科卒で専門はギリシャ哲学。教科書にはない興味深い話を授業に織り込み、読むべき本も薦めてくれました。英語の先生は、「アメリカの独立宣言」を英語で黒板にそらで一気に書けるほど知識が豊かでした。

〈昭和20～30年代の教師は、大学ないし師範学校などへの進学率が極めて低い時代の知識人で、自分の専門に限らず幅広い教養を身に付けていた。特に高校では、大学に負けないほど高度な授業を展開できる教師が多かったとする見方もある〉

英国の有名な学者E・H・カーに「歴史とは何か」という名著があります。高卒後の浪人時に知ったのか、後に進む秋田大で読んだのか…。よく覚えていませんが、歴史に魅せられ、社会の先生になりたいと思う大きなきっかけになりました。

歴史を過去の出来事の総体と言ってしまえばそれまでで

本荘高3年の同級生と（前から3列目、右から4人目）

す。しかし歴史は、さまざまな要因が複雑に絡み、ダイナミックに動いてきました。さらに戦争をはじめ、あまたの人々の犠牲の上に現在があります。「過去に目を閉ざす者は現在にも盲目になる」という格言もあります。良かったことも悪かったことも含め、物事を客観的に捉え、省察する歴史的な見方がいかに大切かを学びました。

慈しみあっこの人生

本荘高1年生の終わりに、忘れられない出来事がありました。尊敬していた英語の先生が転任することになり、羽後本荘駅に見送りに行った時のことです。校長先生が英語教師の3歳ぐらいの男の子を抱っこしながら、教師の奥さんも交え、談笑していたのです。

特に珍しい光景ではありません。ただ、生徒からすれば普段、難しい顔をして威厳さえ漂わせていた校長先生が柔和な笑顔を見せていたからでしょうか。胸にこみ上げてきたものがあったのです。なぜだろう。ずっと考えてきて分かりました。

「慈しみ」です。慈愛と言った方がいいかもしれません。教師もサラリーマン。異動は付き物です。だとしても、別れには哀惜がつきまといます。校長として見送ることで「ご苦労さん」と感謝の気持ちを示しながら、「頑張れよ」とエールを送りたかったのだと思います。

ずっと後、教師になってからのことです。意外な場面でこの「慈しみ」がいかに大事かを思い起こすことになります。昭和50年代の問題行動を起こす生徒の頻発、それに平成に入ってから顕在化する不登校です。

どうして問題行動を起こすのか。なぜ学校に行きたくなくなるのか。原因は一つではなく、子供によって事情はさまざまでしょう。心底かわいがられ、慈しんでもらったことがあるのか。逆に愛情深く育てられたが故に、自立する過程で親との葛藤が深まるのか。あるいは計り知れぬ闇を心の奥底に抱えていたのかもしれません。

反省もあります。私なりの「慈しみ」が果たし

本荘高近くの公園で友人たちと（前列右から３人目）

て、どれほど子供たちの心に届き、響いたのだろうかと…。

その点、女性の教師には到底かなわないなと思うことがありました。母親のように子供を包容する力です。言葉や理屈ではありません。子供自身、どうしていいか分からず、もがいている時に、まるで抱き留めるかのように見守る姿には畏敬の念さえ覚えました。

■大学進学、学びの日々

教師目指し秋田大進学

進路は小学校の年頃にほぼ決まるという学説があります。私にも当てはまりそうです。歴史好きの父親、学校の先生が多かった母方の親戚…。何より身近にいる長兄が教師だったことが大きかった気がします。

私は遅くにできた子。長兄とは20歳も離れていました。遊んでもらった思い出がほとんどない一方、兄はいつも本を読み、知らないことを教えてくれる存在でした。兄の書棚からこっそり本を持ち出し、読んだこともあります。もちろん、どれほど理解できたかは全く心もとないのですが。

そんな思いを抱きながら通った本荘高です。多くの先生や授業から薫陶を受ける日々が続きました。英語のエキサイティング（刺激的）という表現がピッタリでした。将来どんな方向に進みたいか。気持ちが固まりました。学校の先生になりたいと。

秋田大に進学することにしました。5人きょうだい。家に経済的な余裕はそんなにありません。小さい頃から体が丈夫な方でもありませんでした。先生になるのに最も近場の学校を選んだのです。入学したのは1年浪人した後、昭和38（1963）年春のことでした。

〈38年当時、本県の大学（短大含む）進学率は14・4%。一般に大学進学率は15%を境に、それ未満は教養豊かなエリート教育世代、それを超えると大学が大衆化するマスプロ教育世代と分類される（県調査統計課、竹内洋著「教養主義の没落」中公新書による）〉

秋大は戦後の24年、秋田・秋田青年の両師範学校、秋田鉱山専門学校を母体にできた新制大学です。

楽しかった本荘高時代＝昭和36年度卒業アルバムから

師範学校を衣替えした学芸学部に入学。希望がかなって史学研究室に所属しました。学芸学部は私が入ってから4年後に教育学部に改組、現在は教育文化学部になっています。

　当然のことですが、大学は高校とはまるっきり違っていました。見ること聞くこと全てが新鮮、刺激的でわくわくする毎日でした。

議論こそ学生の本分

秋田大は昭和24（1949）年の発足当初、「たこ足大学」と呼ばれました。学芸学部が秋田市の保戸野、中通、四ツ小屋、それに鉱山学部は手形と4カ所に分かれていたからです。

手形にまとめられるのは37年。私が入学する前年です。医学部が設置されるのは45年。ただ、医学部校舎が現行の場所に姿を現すのは翌46年ですから、秋大キャンパスはこの年に今の原型ができたことになります。

「啓明寮」に入りました。学芸学部の男子寮です。当時の保戸野校舎跡にありました。現在、秋大付属の小中学校や特別支援学校のある所です。秋大の寮といえばほかに、女子の「明和寮」、鉱山学部の「北光寮」が知られていました。

啓明寮は木造校舎を改築したような造り。とても古かったと記憶しています。大学の先生が務める寮監はいましたが、寝泊まりしているわけではありませんでした。学生の代表である寮長を中心に運営する仕組みでした。「学生自治」の現れだったのでしょう。

4人部屋。約30室ありました。二十歳前後の男子が全部で120人ほど暮らすわけですから、食事や掃除、洗濯、火の始末など運営・管理するのは大変でした。というのは、2年生の後半から1年間、寮長を務めさせられたのです。

その時期はちょうど、古くなった寮の新築話と重なっていました。いまだ印象深いのは、4人部屋から2人部屋へ変更するという大学側の新築計画案に、寮生がこぞって反対したことです。4人から2人に減れば「議論が盛り上がらない」というのが主な理由でした。

新築工事が進む啓明寮の前で＝昭和40年、秋大3年

昭和40年前後。本を読み、議論するのが学生の本分だったのです。実際はたわいないおしゃべりにすぎなかったのかもしれません。でも自分の頭で考えたことを議論し、より良いものへと練り上げていく習慣を身に付けたことは、教師としてだけではなく、人間としても私を成長させてくれることになります。

教授陣の博学に感銘

秋田大に入学後、すぐ「史学研究室」に入り、卒業までの4年間所属しました。教授陣4、5人に対し、学生は1学年約10人の計40人程度。先生1人に学生が10人以下の「少人数制」で研究・教育が行われていました。

「歴史」をはじめとする社会科分野には、「地理」「哲学・倫理」など五つの研究室がありました。どの新入生も自分の興味や専攻に従って、いずれかの研究室に籍を置くことになっていました。大教室での講義もありましたが、この少人数制に随分鍛えられました。

どの先生も見識があり博学で本荘高時代以上に薫陶を受けました。でも強いて挙げさせてもらうとすれば、後に秋大学長になる新野直吉助教授（古代史）と小林馨教授（西洋史、肩書は共に当時）になるでしょうか。

新野先生は古代史に限らず碩学《せきがく》で、歴史家として威厳さえ感じました。今も教えを請う生涯を通じての師です。小林先生は西洋史の中でもフランス革命が専門。この革命は民主主義社会が形づくられていく上で決定的な出来事であり、先生の教えに感銘を受け、卒業論文も担当してもらいました。

新野先生には忘れられない逸話があります。教師になり、新野先生が校長を兼務する秋大付属中に在任していた時のことです。問題を起こした生徒が数人いて、職員会議で「修学旅行には同行させない。自宅学習とする」と決まりかけていました。

ところが新野校長はその場で全く逆の結論を出したのです。「一緒に連れて行く。私が面倒を見る」。毅然《きぜん》とした口調が今も耳に残っています。

史学研究室の先生方と共に（後から2列目、右から3人目）

問題を起こしたからといって不参加という「罰」を与えるのが教育なのか。修学旅行は中学生活最大行事の一つ。参加できなかったことを一生悔いとして残してしまうのではないか…。恐らくそう考えたのだと想像しています。新野校長から説諭を受けたその生徒たちが、修学旅行先で先生を手こずらせることは全くありませんでした。

卒論は学業の集大成

大学生としての集大成は、やはり卒業論文になるのではないでしょうか。学業を登山に例えてみることがあります。入学後、どの方向へ進めばいいのか、考えながら登り始めます。2年あるいは3年の時でしょうか、目指すべき道が見えてきます。7合目、8合目と進み、卒論を書き終えて頂に達するイメージです。

1、2年生の一般教養でさまざまなことを学びながら、3年生で始まる専門課程で卒論のテーマを絞り込んでいきました。場所はヨーロッパ。時は中世の終わり。近代への扉を開くことになる人物に焦点を当てながら、ある国の情勢を探りました。その人物とは宗教改革で知られるマルチン・ルター、ある国とはルターの故国ドイツです。

〈ヨーロッパの中世は4世紀末~16世紀を指す。カトリック教会と封建制が支配していた。16世紀初め、神学者ルターは聖書に基づく個人の信仰を重視。その考えはドイツを越えて拡大。腐敗していた教会批判につながるとともに、カトリックに対してプロテスタントという宗派を生み出すことになる〉

卒論のタイトルは「ルター時代におけるドイツの社会状勢」。宗教改革といっても歴史の動きは一直線ではありません。紆《う》余《よ》曲折をたどります。封建制の崩壊とも連動、農民が領主側と戦争を起こすこともありました。400字詰め原稿用紙で175ページ。当時、卒論は100ページ前後が普通でしたから、よほど力んでいたのでしょう。

出来のほどは今もって判断がつきません。ただ、巻末に載せた参考文献だけで約50冊、書き始めてから8カ月か

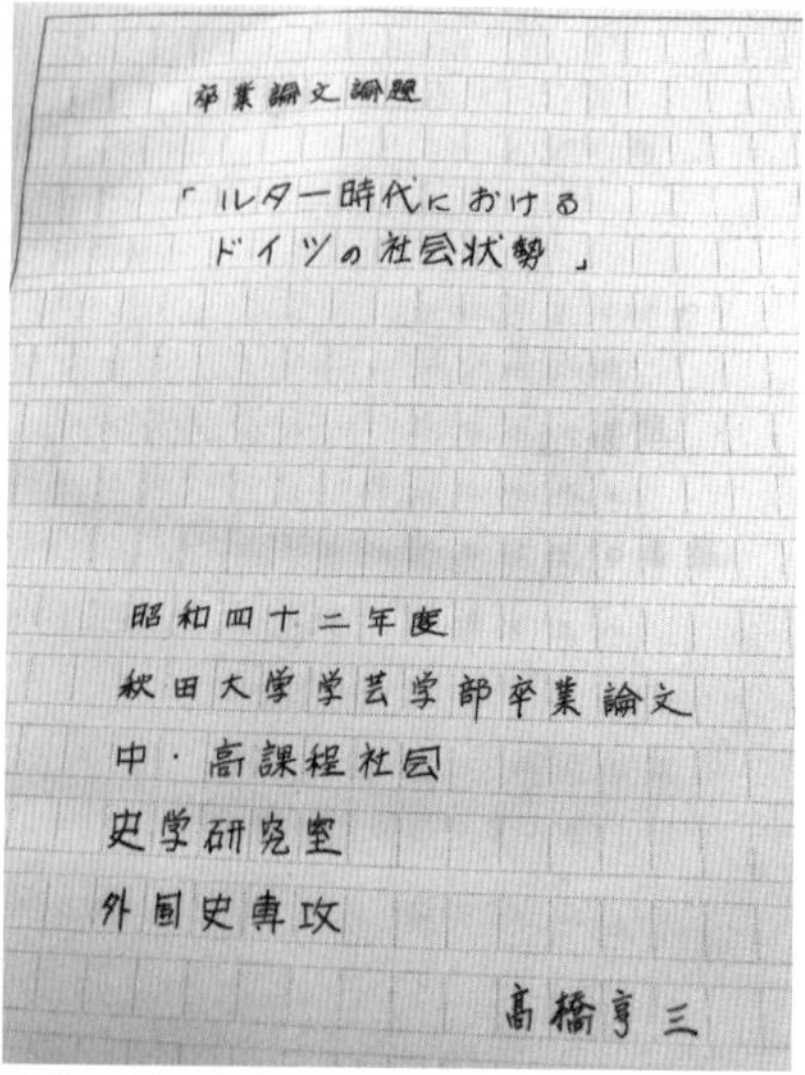

大学の締めくくりとしてまとめた手書きの卒論の1ページ目。今も自宅に大事にしまってある

かりました。迷って書き直して、本当に出来上がるのか、不安になることが何度もありました。

でも今、改めて感慨を覚えています。卒論は「考えるという作業の最高の訓練」だったと。卒論担当の小林馨教授をはじめ、導いてくれた秋田大の先生たちには感謝しても感謝し切れない気持ちでいっぱいです。

「調整」の必要性学ぶ

卒業論文とともに思い出深いのはサークル活動です。「世界学生奉仕団（略称WUS＝ウス）」といいました。奉仕団といってもボランティアではありませんよ。学生たちに参加を募って、読書会を開き、その場で討論するんです。

読書会は週2回程度。取り上げる本はジャンルを問わず、ウスメンバーの興味に任せ、選定しました。この読書会や討論の司会進行役を務めたことが、私に意外な経験をもたらしてくれました。秋田大学芸学部自治会の学生大会の議長団に選ばれたり、自治会と大学の団体交渉で議長として呼ばれたりしたのです。

なぜ私だったのか。理由は分かりません。こちらから聞いたこともありません。「司会ならあいつだ」といった風評が学内にあったのかどうか。ただ、昭和40（1965）年前後といえば秋大でも、少しずつ学生運動がざわつき始めていました。共感するところがあったものの、基本的な立場は無党派というか、「ノンポリ(ティカル)」でした。

その中立さが自治会、大学双方に好都合だったような気がします。自治会内部にもいろいろな党派があり、どの党派にもくみしない議事進行役がほしかったのでしょう。大学にとっても学生寄りの議長は避けたかったでしょうから。

貴重な体験でした。当時の自治会は血気盛んだったとみてよさそうです。ややもすれば、党派同士の主張が衝突したまま物別れ、自治会と大学の団交は決裂しかねませんでした。それぞれの主張に耳を傾けながら、議論の交通整理を行い、妥

秋大2年生の頃、兄や姉たちと(後列右)=自宅前で

協点を見いだす役回りに携わることができたのですから。

子供でも大人でも何らかの集団や組織に属しています。思いや意見が違うのは当たり前。でもそれをぶつけ合っているだけでは何も決まりません。世の中には「調整」が不可欠であり、それを担う「調整役」もまた必要だということを知りました。

TT、画期的な授業法

秋田大2年生の昭和39（1964）年、秋田市の築山小で画期的な授業が始められていました。小学校では当時、担任が1人でほとんどの授業を受け持っていました。その授業に教師がもう1人参加。複数の教師で子供を指導するのです。「チーム・ティーチング（略称TT）」と呼ばれる指導（授業）法でした。

子供が40人いるとします。教師が2人、場合によっては3人ないし4人いれば、教師1人当たりの子供の数が少なくなります。手間暇をかけやすくなる分、きめ細かな教育ができます。いわゆる現在の「少人数学級」の利点に相通じます。

ところがTTの効果はそれにとどまりませんでした。「学級王国」という言い方がありま す。担任は子供をより良く育てよう、学力も向上させようと頑張ります。でもその思いは時に予想外の結果に至ることがあります。責任感が強い分、子供の問題を担任が1人で抱え込んでしまい、その子供も担任も隘路《あいろ》にはまってしまうのです。

TTはそれに「風穴」をあける役目も持っていたのです。もう1人の教師は「外部の目」です。内部の当事者は何が良くて、何が悪いのか、分からなくなっている場合が往々にしてあります。学級担任も同じです。TTは子供の授業理解を進めるのに役立ったばかりか、担任自身が今のやり方でいいのかアドバイスを受け、見直す機会にもなったのです。

全国学力テストで秋田が全国トップ級になった要因として、TT、少人数学級、教科担任制の三つを挙げるのが通例です。でも内心、少人数学級も教科担任制も、このTTが触発したのではないかと捉えています。子供40人に

秋大学芸学部の卒業式当日、学内で父母と＝昭和42年3月

教師が2人つくようになれば、「子供20人に教師1人」という少人数制が見えてきます。子供が苦手な算数や理科でTTが多く採用されたことを考慮すれば、算数はA先生、理科はB先生などと教師が得意な教科を担当する方がいいという考えも出てくるでしょうから。

昭和の全国学力テストショック

全国学力テスト（学テ）は、平成19（2007）年に開始された現行調査が初めてではありません。実は昭和31（1956）年から10年間、実施されていました。調査対象は基本的に小学校は5、6年生、中学校は2、3年生だったようです。現在、60代半ばから80歳ぐらいの方は受けたご記憶があるかもしれません。

昭和学テは、全国上位となる平成学テとは結果が全く逆でした。特に初回31年は抽出調査ながら、小6の国語と算数が全国最下位、中3の国語も最下位、数学も下から2番目だったのです。低迷状態は続き、39年も小学5、6年生、中学2、3年生とも最下位グループに属していました。

その影響の大きさは県教育研究所（現県総合教育センター）が39年にまとめた冊子「学

力を高めるために　第1集」によく表れています。「学テの結果に学力問題の議論が沸騰した」「教育関係者だけでなく、一般県民の関心も高まった」。意訳すればそんな内容になっています。

平成に入っても状況が改善されたとはいえませんでした。学力の話になると、よく引き合いに出される計算式があります。「100−30×3」です。12年、秋田県教育委員会独自の抽出調査で、小学5年生の44％が解けなかったのです。

ショックでした。これが解けないということは、「1個30円のお菓子を3個買って、100円出せばお釣りがいくらになるか」。それが分からないということを意味していたからです。

私が教師になるのは、昭和学テが打ち切られて

昭和30年代後半、県内小学校の授業風景

間もなくの43年。今振り返れば、その最下位返上をバネに、教職員らが研究と工夫を重ねたことが、平成学テで全国トップ級へと躍り出ることにつながりました。

小5の44％が解けなかった計算式は、県教委調査からちょうど10年後の平成22年学テで正答率が93・7％と飛躍的に向上、全国でも群を抜いていました。

■教師の道へ

郷里で念願の教師に

念願の教師になったのは昭和43（1968）年、出身校・玉米中《とうまい》（現東由利中）の講師としてでした。秋田大学芸学部を卒業後、1年制の専攻科を修了してからです。

当時、99％は学部卒で先生になっていました。専攻科へ進んだのは、大学でまだやり残したことがあると感じた、というか、学校で実際に子供たちと接する前にもう少し鍛錬が必要と考えたからです。

実は専攻科に在籍中の42年6月、秋大に大きな改編がありました。学芸学部が教育学部へと改組されたのです。学芸学部には教員養成はもちろん、広く教養を身に付けようという狙いもありました。教育学部は比較的、教員養成へと軸足を移した格好です。ですから私は学芸専攻科に入り、教育専攻科を出ることになりました。

実り多い1年間でした。特に印象深いのは、佐藤守教授（当時、教育社会学）らが中心となって運営していた「教育を語る会」です。隔週土曜日の午後、江戸時代の秋田藩校以来の教育史から授業の展開法、さらには教員の養成や配置の在り方までバラエティーに富む話題を取り上げ、自由にディスカッションしました。

玉米中の教室で初めて生徒の前に立った時のことが、今でも脳裏に浮かびます。「さあ、いよいよだ」。そんな気持ちだったでしょうか。大学入学後、5年余り離れていた自宅に戻ったことも、安心感をもたらしてくれたような気がします。決して体が丈夫な方ではなく、時々寝込んだり、医者通いをすることもありましたから。

赴任して3カ月後の43年秋だったと記憶していま

玉米中の生徒たちと（中列左から4人目）＝昭和43年

す。予想外のことがありました。秋大付属中へ転任することになったのです。秋大出身とはいえ、付中に勤めることになるとは思ってもいませんでした。この付中での日々が教師になりたての私の目を見開かせ、奮い立たせてくれることになります。

授業通し自立を促す

国立大（当時）付属の小中学校にはどこでも、指導・授業法や授業内容を先進研究する役割がありました。秋田大付属中もそうです。郷里の出身中学校で教師生活を始められたこともうれしかったのですが、その先進研究校への赴任はさらに「頑張れよ」と背中を押してくれているような感じがしました。

すごい先生がたくさんいました。大学でいろいろ教わってきたつもりでした。でもやっぱり「教育現場」は違うとはっきり認識させられました。一番学んだのは、授業の前に入念な準備をすることがいかに大切かということです。

先生たちは授業の道筋を示す「指導略案（プラン）」、それを基に詳細な「指導ノート」などを作成して授業に臨んでいました。必死に覚えました。そうした授業の中で、最も印象深いのは「アメリカの独立」です。付中に赴任して2年目の昭和44（1969）年、校内研究授業で2年生の社会で取り上げました。

〈アメリカの東部13州は、課税をはじめイギリスの統治強化に抵抗。各地での戦争を経て1776年7月4日、「独立宣言」を採択。この宣言には基本的人権や国民主権がうたわれ、民主主義社会の成立へとつながるフランス革命にも影響を与えた。日本には福沢諭吉が著書「西洋事情」「学問のすゝめ」で紹介、広く知られることになる〉

「独立宣言」に力を入れたのには理由がありました。ヨーロッパで民主主義の国々ができていくきっかけになったこと、アメリカが後に世界をリードする超大国になること、太平洋戦争後には日本と切っ

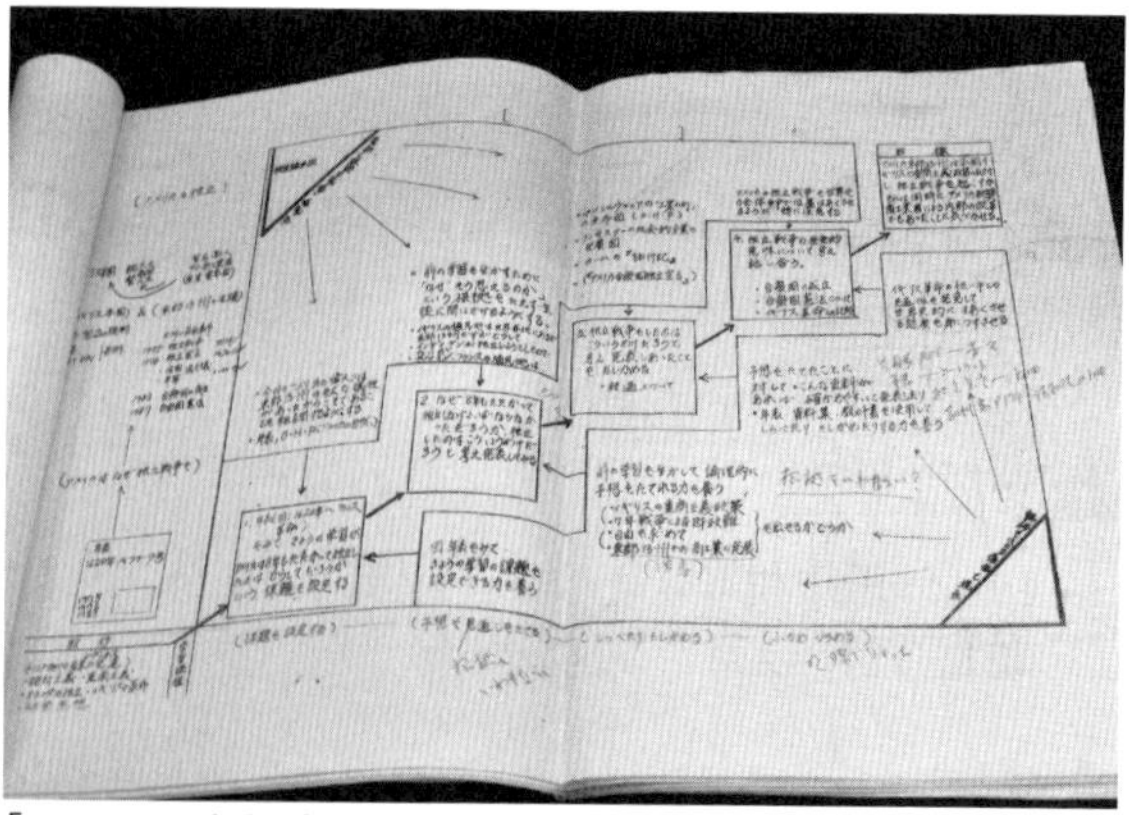

「アメリカの独立」指導プラン

ても切れない関係国になること…。それら歴史的な事柄を学んでもらいたかったのはもちろんです。

もう一つ狙いがありました。中学生はいずれ親から独立して自分の人生を歩むことになります。宗主国イギリスの桎梏《しっこく》から解き放たれ、アメリカが独り歩きを始める史実に何か一つでもいいから学び取ってほしい…。そんな願いも込めたのです。

3教科入試に疑問も

教師になる前年の昭和42（1967）年春、秋田の教育にとってとても大きな出来事が起きていました。公立高校入試が9教科から国語、数学、英語の3教科へと変更されたのです。

9教科とは中学校で習う全教科で、国数英に理科、社会、保健体育、音楽、美術、技術・家庭が含まれます。国語は社会もきちんと学んでいないと解けない、数学では理科の理解度も測ることができる、英語はアメリカをはじめ世界共通語として不可欠…。教科減の理由を当時、そんなふうに聞きました。

背後には別の問題も潜んでいました。昭和30年代以降、戦後復興と軌を一にするように、科学技術振興が叫ばれ、子供の学習内容が質、量とも拡充されました。9教科入試のままでは子供の受験勉強はもちろん、教師の受験指導の負担も増すばかり。受験競争は文字通り受験戦争になるとの危惧が大勢を占めるようになったのです。

入試の教科減によってその負担は減ったでしょう。受験教科でなくなった分、本来教えるべき内容の授業ができるようになったと評価する向きもありました。しかし、受験から外れた教科を中心に学力低下も心配されるようになったのです。今考えても、教科減が本当に良かったのか、疑問が拭えません。

さきがけ　昭和42年3月9日　木曜日

高校入試

初の三教科に取り組む

重苦しさ見られず

静かにペンを走らす

初の3教科入試の実施を伝える秋田魁新報＝昭和42年3月9日付夕刊3面

受験戦争がいいとは誰も言いません。一方、受験教科とすることで子供らに勉強を促し、学力の維持・向上を図る必要もあります。その負担と学力向上のバランスを取った結果として3教科が妥当だったのか…。そう思うのです。

3教科だったのは昭和55年春の入試まで。翌56年春からは現行「国数英理社」の5教科に増えています。学習はそもそも教科同士の結び付きがあって広がり、深まります。例えば社会を習ってこそ国語の学びが深まり、その逆もあります。数学と理科にも当てはまります。

教育は試行錯誤の連続です。高校入試は当面、5教科が適当と捉えています。

大規模校赴任で奔走

昭和47（1972）年春、大きな転機が訪れました。教師になって5年目。秋田市のマンモス校の一つ秋田南中に赴任、程なく家内の佐々田由美子と結婚したのです。

家内と出会ったのは、秋田大付属中から転任、秋田南中に来る前の西目中の時でした。本荘高の恩師から見合いを勧められたのです。教職に就いてからそう間がありません。付中や西目中で先輩教師たちからみっちり仕込んでもらってきたとはいえ、教師としての先行きは、まだ明確ではありませんでした。

でも実際に会ってみて、間もなく気持ちは固まりました。「この人と一緒にやっていこう」と。家内は4人姉妹の長女。妹たちも義理の父母とも、とても温かく迎え入れてくれているのがよく分かりました。

私の父や母も了解済みだったようです。「おまえは末っ子であり、佐々田家に入り、教職を全うするのもいいのではないか」。家内の実家は岩城町亀田（当時）で「佐々田呉服店」を営んでいました。義父も中学の教師。後に県教育庁で義務教育課長になるような人物だったことも、私に縁談が持ち上がった理由の一つかもしれません。

ただ、新婚生活なんてあってないようなものでした。朝6時には結婚を機に住み始めた岩城の家を出発。秋田市楢山の秋田南中から帰るのは、早くても夜9時という暮らしが続くことになります。

当時の南中は1クラス50人前後、1学年10クラス、全校で1500人超の大規模校でした。どん

家内（前列左から2人目）やその妹たちと＝昭和47年春

な授業を展開し、どう学力を向上させるか―。力量が試されることになると気持ちを引き締め直しました。

都市部の学校で生徒数が多かったせいでしょうか。さまざまな家庭環境の子供がいて、受験競争も激化。授業に付いていけない、問題行動を起こす、学校に来ることができないといった課題も現れてきていました。教科指導はもちろん、生徒指導にも奔走することになります。

積極的に学校外活動

勉強というと、座学と受け取られがちです。でも教室や学校の外にも学習の題材はあります。むしろ学校外の方がいっぱいあるといっていいでしょう。秋田南中に赴任した昭和47（1972）年から、野外観察・調査活動（フィールドワーク）に積極的に取り組みました。

生徒が実際に目で見て、手で触れて、全身で体感することは、多感な年代だけにとても大切です。感動し興味を深めることと、頭で考えることは、車の両輪です。興味は学びを促し、学びで知識が深まれば、また別の興味が湧いてきます。

学校外活動は、教科や科目にとらわれない「総合学習」にもなります。南中では「歴史」や「地理」を深く学ばせようと、歴史が専門の私と地理が専門の先輩教師が引率。生徒たちと学校から歩いて10～15分の所にある太平川や小高い金照寺山に出掛けました。

普段見慣れている場所もちょっと見方を変えれば、学ぶことはたくさん眠っています。現在は歴史の上に成り立っているからです。例えば、太平川が現行の流れになったのはいつ頃か、戦時中、金照寺山に防空壕《ごう》がなぜ、どんなふうに掘られたのか、そもそも南中地区は秋田市のどこら辺に位置しているのか…。地層や岩石を対象とすれば、理科の学びにもなります。

学校外学習は「開かれた学校」にもつながります。生徒や教師が学校の外に飛び出し、地域の人たちに話を聞き、時に地域の人たちに外部講師として来校してもらえば、学校と地域が連

フィールドワークで生き生き活動する生徒たち＝昭和40年代後半、金照寺山

携・協力し合えることになりますから。

この昭和40年代の学校外活動は、地域にある美術館や博物館などを訪問し、学びの場とする「セカンドスクール」、さらには学校・地域・教育委員会が協議会をつくって運営する「コミュニティースクール」の萌芽《ほうが》だったといえそうです。歴史と同様、教育も一つ一つの積み重ねの上に今があります。

「悩める子供」に悩む

学校では、問題行動を起こしたり、不登校に陥ったりする子供が出てきます。それは秋田南中に限らず、前任校の西目中や南中の後に赴任した山王中など、ほぼどこの学校でも同じです。教師として思い悩み、対応に心を砕いてきたつもりです。

3年生になって気持ちも新たに登校するはずだったのに、できない生徒がいました。本人と話し合っても家庭訪問をしても、これといった原因は見当たりません。生徒はどうにか学校近くまで来ても、そこから足が動かなくなるというのです。

結局、合わせて30日ほど登校しただけで卒業していきました。卒業後も連絡を取り、様子をうかがいました。出掛けるのは買い物ぐらいと聞きました。一生懸命取り組んだつもりです。しかし、もっとやりようがあったのではないか…。今も無力感と反省の念が消えません。

行動が時々少し乱暴になるため、友達たちから敬遠され、学校に来なくなったケースがありました。本人には乱暴しないよう得々と説諭。クラスには道徳の時間などを利用して「どう受け入れてあげればいいのか」を話し合わせました。

被害を受けた数人の生徒には不満が残っていたでしょう。でもクラス全体としては、温かくとまではいかないまでも、ごく普通に接することで意見がまとまりました。再登校の初日、本人がまずみんなの前で「乱暴してごめんなさい」と謝罪。

これでクラス内の雰囲気が和みました。再び仲良くなるまでもう少し時間がかかりましたが、この日以降、不登校になることはありませんでした。

道徳の時間に友人関係の在り方について討議＝昭和50年代

問題行動や不登校の態様や原因は百人百様です。子供たちは情緒が不安定な上、悩み、もがき苦しんでいます。大抵は自分でも原因を把握できず、気持ちもうまく言い表せません。何とかしなければと気がせくばかりで、子供たちのために何をどれくらいできたのだろうか…。いまだ心残りですが、成人してちゃんとやっているといった話を聞くとほっとします。

■「ゆとり教育」の時代

大改革のゆとり教育

昭和50年代、戦後最大の教育改革が始まりました。「ゆとり教育」です。ゆとり教育というと、小学校への生活科新設や週休2日制の導入と、平成に実施されたイメージが強いかもしれませんが、実は昭和52（1977）年に提唱され、準備期間を経て、55年から順次、小中高で実践されたのです。

「詰め込み」から「個性と能力に応じた教育」へ──。これがゆとり教育のエッセンスです。

受験戦争をどうにかする必要がありました。家庭や地域環境の変化もあり、子供たちの非行や問題行動が増加、いじめや不登校にも対処しなければなりませんでした。知識の詰め込みをやめ、学習内容を精選。個性や能力に応じて人間として豊かな子供の育成を目指すことにしたのです。

50年代といえば、私は30歳代。秋田市中心部にある大規模な秋田南中や山王中に勤めていました。正直なところ、教師の一人として詰め込みの弊害をはっきり意識することはあまりありませんでした。若くて張り切っていた分、問題がよく見えなかったのでしょうか。秋田県の高校入試は42年から国語、数学、英語の3教科で、私が受け持つ社会は受験教科ではなかったからなのかもしれません。

しかし、当時の生徒たちの顔を改めて思い浮かべ、本当はどうだったのだろう、受験勉強はつらくてしようがなかったのではないか。不登校に陥ったあの子も遠因として受験の苦痛があったのではないか…。そう考えると、ゆとり教育への転換もうなず

秋田南中の中庭で開かれる生徒総会＝昭和49年ごろ

くことができます。

人間性豊かな子供に育てよう――。誰も異論はないでしょう。教師としても魅了される教育目標です。でも目標の高さとは裏腹に、どう授業を展開すればいいのかとなると、話は全く違います。ゆとり教育が掲げる「考える力の育成」一つ取っても難しいのです。「これを覚えなさい」という方が簡単です。ゆとり教育は現場教師にとって一筋縄ではいかない試みでした。

研究・工夫に一層拍車

「ゆとり教育」で教師は、高度な指導（授業）が求められました。「個性と能力に応じる」には、まず子供一人一人の性格や興味関心、得意不得意を把握しなければなりません。理屈上は、1クラス40人とすれば、それを把握した上で、40人分の指導法をつくり出さなければならないことになるからです。

実際は興味や能力に応じて、いくつかのグループに分けることができるため、40通りというわけではありません。それでも従来の「これを覚えなさい」式からは、がらっと頭を切り替える必要がありました。これにうまく対応できるかどうか、学校や教師によって取り組み方はさまざまでした。

ゆとり教育では当初、学習の内容量は減ったものの、授業時数（時間）は変わりませんでした。例えば中学の数学。年間100時間あるとすれば、従来の分量は80時間あればこなすことができるとします。残り20時間を「深く学ぶ」とか「考える力を育む」ことに充てるのがゆとりの狙いだったのです。

しかしそもそも、深く学ぶとか、考える力とは一体どういうことを指すのでしょう。大学の教授をはじめ、教育の専門家たちの間でも議論が百出。極論すれば、教師一人一人によって見方が異なるといっても差し支えないくらいでした。

どうすればいいのか―。私を含め、多くの教師は戸惑い、悩みました。昭和40年代以降、「教師が教える」から「子供が主体的に学ぶ」方向へ教育は変化。さらに50年代になって、ゆとり教育が打ち出さ

ゆとり教育で試みた体験学習旅行＝岩手・小岩井農場

れ、「個性と能力に応じた指導」や「深く学び、考える力の育成」が加味されたのですから。

でも今思えば、この戸惑いや悩みは「生みの苦しみ」でした。教師や学校はもちろん、教師たちが任意でつくる「県学び方研究会」などで研究・工夫。その試行錯誤が「全国学力トップ級」の源である秋田県の指導法「探究型授業」へと結実していくことになります。

身近な題材、意欲向上

秋田の教育を考察する上で欠かせないのは、「ゆとり教育」の下で、平成に入り秋田が全国に先駆けて取り組んだ「ふるさと教育」です。

ふるさと教育という明るい語感とは裏腹に、始まるきっかけは意外です。非行や問題行動、いじめ、不登校などが顕在化したことへの対策として、昭和61（１９８６）年に開始された「心の教育県民運動」です。

大都市圏と比べれば、そうした問題の事例は、さほど多いわけではありませんでした。しかし、数の問題ではありません。心を痛めている子供がいる限り、どうにかしたいのが教師であり、学校なのです。

着目したのは子供が暮らす地域です。子供は小さいほど、実際に見聞きし、体験することが大事です。ディズニーランドはないけれど、こんなに豊かな自然があり、愛情深い人たちがいるではないか—。そんな経験を積み重ねてもらえば、心豊かな子供に育てられる。それがふるさと教育の発想でした。

平成5（1993）年、道徳や特別活動の時間を利用して小中高で始めました。例えばあきたこまちの栽培、男鹿のナシ、樺《かば》細工、川連塗など全国に誇ることのできる産業が県内にはたくさんあります。偉大な先人がいて、貴重な建造物や文化財、伝統芸能が残る所もあります。それらを題材に古里の良さを再発見、自信や誇りにつなげるのが狙いでした。

当時、小学校では「生活科」がスタートしていました。社会、理科、技術・家庭など各科目を一緒にした「合科《ごうか》」です。この考え方は平成10年代に打ち出される「総合学

ふるさと教育でコメ作りに挑む子供たち＝平成10年代

習」へとつながっていきます。現在も続くふるさと教育は、その総合学習の一形態といえます。

ふるさと教育は題材が身近な分、学ぶ意欲を喚起、下支えしています。子供が授業に積極的に臨み、高い学力を維持しているのは、このふるさと教育が土台になっています。

教師増員へ知恵絞る

「少人数学級」実現の道のりは平たんではなく、知恵の絞りどころでもありました。文部省（現文部科学省）が平成5（1993）年に始めた試みに、秋田県教育委員会としていち早く着目。それを推し進める格好でたどり着くことになります。

少人数制がいいのは随分前から分かっていました。教師1人当たりの子供の数が少ない方が手間暇をかけられるからです。秋田には昭和の中頃から「チーム・ティーチング（略称TT）」という実践例もありました。通常は教師が1人で受け持つ授業に、もう1～3人の教師が加われば、きめ細かい指導ができ、子供の理解が進むことが実証済みだったのです。

ただ、平成の初めごろ、1クラス40人という枠組みは動かし難いものでした。法令に裏付けられており、文部省にも変えようという動きはまだありませんでした。

秋田県教委が注目した国の試みとは、「加配《かはい》」という仕組みでした。教員には定数があり、児童生徒数に応じて教員の数が決まっています。加配はその定数に「プラスして配置」することを指します。県教育庁義務教育課にいた私ら担当者は「これだ」と直感しました。

TTに加え、当時普及し始めていたパソコン指導、不登校対応など多忙化する学校への「支援要員」―。文部省は加配教員をそう位置付けていました。秋田県教委としては当面、それで構いませんでした。しかも、始まったばかりの加配制度への関心は、都道府県によって温度差がありまし

3人目の教師として校長自らTTの授業に参加＝平成9年、秋田市桜小

た。加配に熱心なところほど割り当てられる傾向があり、秋田に有利でした。

平成5年度の加配数は全県約40の小中学校におおむね1人ずつの計41人。1校に1人では少ないように感じるかもしれません。しかし、定数にプラスアルファの教師を増配するという方向へ道を開いた意味は小さくありませんでした。翌6年度には少人数学級の導入を本格的に考えるようになります。

現場で「TT」に自信

久々の現場復帰でした。子供たちと接してこそ、教師なんだと改めて実感しました。県教育庁の義務教育課で県全体の小中学校を見渡す役割から、秋田市桜小の校長になったのです。平成8（1996）年春のことでした。

ずっと中学勤めでした。小学校は後にも先にも初めて。戸惑いもなかったわけではありませんが、期待の方が勝っていました。以前から温めていたプランがあったのです。複数の教師で授業を行う「チーム・ティーチング（略称TT）」の充実強化と利点の再確認でした。

TTは昭和39（1964）年、築山小で開始。後に桜小でも実践。私が赴任後は、40人いた先生たちの理解と協力を得て、もっと突っ込んだ格好で展開しました。児童数が1クラス40人として、担任にもう1人教師を追加するのがＴＴの基本型です。2クラス合同の授業に教師を1人または2人追加、担任2人と合わせ教師が3、4人いるといった授業にも取り組みました。

当時、学校に追加配置される加配《かはい》教員は大体1人、多くても2人。桜小は2人でした。加配の2人にどう臨機応変に対応、力を発揮してもらうか――。それを考えたのです。算数であれ国語であれ、教師が得意な教科を担任ではないクラスの授業でも受け持ってもらったり、教頭や校長の私が3、4人目の教師として授業に参加することもありました。

アメリカ人女性に英語も交え、生まれ故郷を流れるミシシッピ川の話をしてもらったこともあります。ＡＬＴ（外国語指導助手）がまだ小学校には常

現地調査で来校した衆院文教委員会のメンバー＝平成9年

駐していない時で、子供たちは外国の言葉に興味津々でした。

桜小での試みの最大の成果は以前より子供たちが生き生きし、学ぶ意欲が高まってきたことです。一人一人に寄り添い、気持ちが通じ合えば、子供は伸びます。平成9年、衆院の文教委員会が桜小の現地調査に訪れた際は、ＴＴという指導法に間違いはないと自信を深めました。

■「少人数学級」導入

少人数学級、先行導入

1クラス40人に2～3人の教師がつく「チーム・ティーチング（略称TT）」には、既に「少人数制」の考え方が含まれています。教師1人当たりの子供の数が少ない方が、子供の学ぶ意欲を呼び起こし、理解度が高まることも、秋田市の築山小が先行してきた実践で十分分かっていました。

平成10（1998）年、県教育庁義務教育課に戻り、秋田市桜小での経験を踏まえ、「少人数学級」導入を本格的に模索することになります。

実は少人数学級は秋田県の人口減もにらんでいました。人口減は子供減であり、子供の数に応じて決まる教員数の縮減に直結するからです。仮に1クラスの標準人数を40人から30人にすることができれば、教師数はそれほど減らなくても済む―。そんな狙いもありました。

　桜小に赴任する前から、秋田県教育委員会として考えていることがありました。当時、文部省（現文部科学省）は「子供40人に教師1人」の前提として、クラスを「生活集団」と捉えていました。登校して勉強、昼ご飯を食べ、部活動も含めて一緒に過ごす集団です。

　これに対し秋田県教委は「学習集団」という考え方を打ち出します。基になったのはＴＴの実績です。年間を通して1クラス30人とか20人と固定しなくてもいい。例えば子供が苦手な算数や数学で、40人を20人ずつ2グループに分けて、担任と加《か》配《はい》教員を1人ずつ担当させる。全学年ではなく、保育園や幼稚園から上がったばかりで、特に生活

教師が2人つくＴＴの授業。少人数学級の呼び水となった＝平成18年、県央部の小学校

指導が必要な小学1年生から30人学級を始めてはどうか―。 そんな工夫を重ね、いち早く全県で1クラス30人程度の少人数学級を制度化したのは平成13年。小学1、2年生が対象でした。翌14年には小学校から進んで何かと不安定になりがちな中学1年生に拡大。28年以降は小中の全学年で実施しています。県を挙げて実現させた全国に誇れる取り組みです。

学力低下の問題露見

「少人数学級」の導入に奔走していた平成10年代、教育にもう一つ大きな変革が訪れていました。お子さんのいる方々にはむしろ、こちらの方が切実だったのかもしれません。「ゆとり教育」が一層進められ、完全学校週5日制（週休2日制）となり、授業時間が最も少なくなったのです。

「基礎・基本を確実に身に付けさせる」「自ら学び、自ら考える力を育成する」「生きる力を育む」――。ゆとり教育が高く掲げる目標に誰も異存はなかったでしょう。問題はどう達成するかでした。学習内容が減ったとはいえ、週休2日で授業時数も最少。正直、教師や学校によって対応にばらつきがあったと言わざるを得ません。

親御さんの方にも戸惑いがあったようです。当時、確かに週休2日は社会の趨勢《すうせい》でした。

でも、中小企業や個人事業主にとってはどうだったでしょうか。土曜日も学校のある生活が出来上がっていて、「子供の面倒を誰に見てもらえばいいのか」「どう過ごさせればいいのか」といった悩みも聞きました。

変革に摩擦は付き物です。しかし、摩擦うんぬんでは済まされない大問題が起きてきていました。昭和50年代にゆとり教育が提唱されてからおよそ20年。学力低下が認識され始めたのです。それは平成14（2002）年初め、文部科学大臣が出した緊急アピールに暗示されていま

秋田さきがけ　2002年（平成14年）4月7日

不安と戸惑い交錯

県内　完全学校週5日制・初の土曜日

「ゆとり教育」に疑問も

親　土日も仕事で困る／いっぱい遊びたい　子供たち

遊び場所を確保

学力の低下心配

「家でゲームを」

指導員の三浦正孝さん（71）とボール遊び＝午前10時15分ごろ、能代市の朴瀬小体育館

空き地で野球をする子供たち＝午後3時40分ごろ、秋田市手形山

週休2日制の開始で保護者らの不安や戸惑いを伝える秋田魁新報＝平成14年4月7日付

す。「確かな学力」の向上ということを言いだしたのです。

このアピールには少し解説が必要かもしれません。学力低下をはっきり認めたわけではありません。しかし、ゆとり路線を維持しながらも、学力はきちんと身に付けさせないといけないという言い方の前提には学力低下があるのです。

当時、学力低下を声高に叫んだのは大学側でした。ろくに漢字も書けない、分数もできない学生が多いといった批判を覚えている方もいるはずです。ただゆとり教育は問題を抱えながらも平成20年代まで続きます。

全国学力テスト、再開の予感

いずれ全国学力テストを実施するのではないか――。そんな気配が平成10年代初めにありました。12（2000）年から翌13年にかけて、文部省（現文部科学省）の「学力等調査検討委員会」の委員を務め、議論の中身に兆しを感じたのです。

委員会は学力の現状を調べるのが目的で、学テ実施の是非を検討するために設置されたのではありません。しかし、よく考えれば、委員会の設置自体が学力低下の懸念を物語っています。学力の今を知るには、机上でいくら議論しても想像にしかすぎません。当然、学テを実施するという方向へ動いていきます。実際、委員からもそんな意見が出ました。

昭和の全国学テは学校や地域の序列化を招く、受験競争に拍車を掛けるといった理由で取りやめとなりました。でも現状を正確に把握しないと正しい対策は打ち出せません。それは医師が正しく診断しないと的確な処方箋が書けないのと同じです。

実は秋田県教育委員会では、平成6年から小中生を対象に学力の抽出調査を独自に実施。14年からは悉皆《しっかい》（全数）調査に切り替え、現在も続けています。全国学テが再び実施されるのは19年。全国トップ級になったのは、県独自の調査で子供たちの学力はどうなっているのか、どこでどうつまずいているのか、それを正確に把握し、学校ごと子供ごとに改善してきたことに負うところも大きいのです。

県の学力調査や全国学テには賛否があります。しかし、日々の学習がどれくらい定着しているのかを見るには、どうしても必要と今も考えています。

全国トップ級については忘れられないエピソードが

全国学力テストに臨む児童たち＝平成19年4月、秋田市の小学校

あります。遠藤章・東京農工大特別栄誉教授が東京の電車内で「秋田に学べ」という教育機関の広告を見つけ、写真に撮って送ってくれたのです。「うれしかった。誇りに思う」。電話口から聞こえてきた遠藤さんの言葉が今も耳に残っています。

小学でも教科担任制

「チーム・ティーチング（略称ＴＴ）」はアメリカのハーバード大を起源とする説が有力です。一つの授業を複数の教師が担当するというシンプルな発想は、いろいろな可能性を秘めていたことになります。

１クラス40人に教師が２人つくなら、20～30人に教師１人でもいいのではないか――。現行の「少人数学級」につながりました。まだあります。ＴＴでは複数の教師がクラスに出入りします。それは小学校では担任がほとんどの教科を見るという観念を打破、特定の教科を受け持つ教師の登場を促しました。今でいう「教科担任制」です。

昭和20～30年代も音楽や家庭、体育などで担任以外の先生が授業をすることがありました。しかし39（１９６４）年以降、県内でＴＴが試みられるようになってからは、算数や理科などでも、担任以外の教師が受け持つことが増えたのです。

この取り組みが制度化されたのは、平成24（2012）年といっていいでしょう。この年度に英語や体育、音楽など特定教科を専門とする「専科教師」の配属が始まったのです。現在は県内小学校のほぼ4分の1に当たる48校に1人ずつ配置されていると聞いています。専科教師だけにすごいなあ、そんなふうに興味を持たせ、導いていくのか―。たまに授業を見るたび、感心させられます。

長年、数多くの教師が「もっといい指導（授業）法はないのか」と研究・工夫。身近に題材を求める「ふるさと教育」で子供たちの学ぶ意

理科の専科教師による授業＝令和2（2020）年初め、由利本荘市の小学校

欲を喚起しながら、TT、少人数学級、教科担任制といった方式を取り入れたことが秋田の高い学力を生み出し、維持しています。

ただ、小学校で全教科を教科担任制にするのは反対です。小学校では生活面の面倒をどう見て、信頼関係をいかに築くかが大事だからです。特定教科は違う先生に見てもらうにしても「いつも私がそばにいるよ」と幼い子供に安心感を持ってもらうことが最優先なのです。

■模索は続く

専門監も重要な役割

秋田の教育の特長として「教育専門監」に触れないわけにはいきません。専門監なんて、ややいかめしいネーミングと受け取られるかもしれませんが、数学（算数）や理科、英語など各教科に優れた教師をそう呼び、学校に配置したのです。

この専門監は二重の意味で重要です。まず配属先の学校で数学なり理科なりの指導（授業）法を底上げ、教師たちの力量アップにより、子供たちの学力向上も期待できました。平成17（2005）年に高校で一部スタート。翌18年に小中学校にも拡大しました。

専門監の活動範囲は配置校に限りません。周辺の学校にも出掛け、「チーム・ティーチング（略称TT）」の授業をしたり、教師に助言したりしています。学校の用務からも比較的自由で、指導に集中しています。「学力向上専門教師」といった方が分かりやすいかもしれません。

もう一つは小学校の「教科担任制」（専科教師の配置）への橋渡しとなったことです。

教育専門監は当初、全県の小中高校で人数がかなり絞られ、今ほど多くはいませんでした。しかし、配置効果は狙い通り表れてきていました。先生にも得手不得手があります。学校によって、特に教師数の少ない小規模校には、手薄になる教科が出てくる場合もあります。専門監はその隙間を埋め、着実にレベルを向上させていました。

専門監と銘打たなくても、小学校を対象にもっと児童たちに親しみやすく、特定教科の専門性を広く生かす手だてはないか──。そんなふうにして平成24年から始めたのが教科担任制だったのです。

数学の教育専門監が参加してのＴＴ授業＝県央部の中学校

教育専門監は全国初の試みでした。私は導入に直接タッチしていませんが、文部科学省から高く評価されたそうです。現在、全県で小学校15人、中学校19人、高校22人、特別支援学校に10人配置されています。専門監は各地で「指導の核」となり、専科教師とともに子供たちの学ぶ力の維持・向上をけん引しています。

人生を考える「道徳」

「道徳」というと、ちょっと身構える方がいるかもしれません。戦中までの「修身」を思い浮かべるだろうからです。でも「人はどうあるべきか」「どう生きていけばいいのか」を考える機会と捉えれば、随分違って見えるのではないでしょうか。

道徳には、学校とすれば、問題行動やいじめ、不登校などへの対処という狙いもありました。でも私は、それらの問題が顕在化する前の昭和40年代前半、教師になりたての頃から力を入れました。担当する社会科には、物事や人生を根本から考える倫理学や哲学の分野が含まれていることもあります。

しかし、それ以上に秋田大での学びが大きかったのです。勉強を教えることだけが教師の役目ではない。いずれ子供たちは人生という大海原にこぎ出す。荒波にもまれても航海が続けられるよう、人生について考える力を育む。むしろその方が大事で、心して臨むべきだと―。

「石段の思い出」という道徳教材があります。おばあさんが重い荷物を抱えています。主人公が手伝おうかどうか迷いながらも、手助けしないまま立ち去ってしまいます。その後主人公は果たして良かったのかと悩み、葛藤します。日常生活でよくありがちなことを題材に「みんなはどう思うか」と中学生に問い掛ける授業でした。

数学のようにすぱっと正解が出る問いではありません。助けるべきだという意見のほか、「余計なお世話」と断られるかもしれないという見方も出てきそうです。でもなかなか正解が見つからないのが人生です。私が目指した道徳は、ままならないことの多い世

生き方について学ぶ道徳の授業＝昭和52（1977）年

の中で諦めることなく考え、より良い道を探る姿勢を身に付けてもらうことです。

道徳は平成30（2018）年に小学校、翌31年に中学校で他教科と同じ「道徳科」になりました。賛否あります。しかし、特定の価値観を押しつけるのではなく、「人生を考える科」と意義づければ、誰にとっても科として学ぶに十分値します。

研究や工夫の「結晶」

知識の詰め込みがいいはずはありません。問題行動やいじめ、不登校に対処する必要もありました。もっと教育本来の在り方があるはずだ―。その模索の結論として「ゆとり教育」が果たして正解だったのかどうか。

諸説ありますが、文部科学省自身が答えを出したと捉えています。平成20（２００８）年、ゆとりからの脱却をはっきり打ち出したのです。それは減らしてきた授業時数をほぼ30年ぶりに増やしたことに象徴的に表れています。

知識をどれほど蓄積するかより、考える力、創造する力の育成の方が大事というゆとりの考え方は、よく分かります。半面、学力低下は否めませんでした。経済協力開発機構の学習到達度調査（略称ＰＩＳＡ）などの国際学力調査で日本は低迷。「分数も解けない大学生」という大学側の指摘が学力の現状を端的に言い当てていました。

そんなゆとり教育の下で、秋田の教育は、独自の道を歩んできたとみてよさそうです。考える力や生きる力を育むために、教師や関係機関がこぞって試行錯誤。教師としての指導力を一つ一つ磨いてきました。

「ふるさと教育」で子供たちの学ぶ意欲を喚起。「チーム・ティーチング」「少人数学級」「教科担任制」、さらに「教育専門監」といった方式を取り入れながら、全県域で「探究型授業」へとたどり着きます。

探究型授業は▽教師による課題提示▽子供が1人で解く▽グループによる学習▽クラス全体での学び

深く学び合う探究型授業＝21年5月、秋田市の小学校

合い▽全体での振り返り――と展開するのが基本パターン。子供の興味・関心をどうかき立てるか、学びを深めるためにどんな工夫をするか。教師に一定以上の力量がないと成立しない指導法なのです。

平成19年の全国学力テストで秋田が全国トップ級となった際、「秘密は何か」とよく聞かれました。子供の頑張りとそれを引き出そうと教育関係者が長年こつこつ積み重ねてきた研究と工夫、それこそが秘訣《ひけつ》でした。

知の宝庫で学び推進

博物館は「知の宝庫」です。国立ほどではないにしろ、秋田の県立博物館もそうです。ディズニーリゾートのような楽しさはありません。でも、動植物学や地学、さらに私が教えてきた歴史などについてもほぼ全てを網羅する「博物学」に、見て、触れることができます。

昭和50年代初め、秋田南中に赴任していた頃、担任だった1年生のクラスを連れてきたことがあります。「博物館の展示資料に学ぶ歴史学習」でした。学校の外へ学習の題材や場所を求める取り組みの一つでした。

その博物館の館長になるとは不思議な縁を感じないわけにはいきませんでした。県教育次長を経て平成15（2003）年春から約2年間のことでした。

一番の仕事はやはり、博物館のリニューアル（改装）になります。教育次長の時から携わり、館長になって1年後の16年4月、再オープンしました。

施設の改築・改装とともに最も思案したのが、所蔵資料をどう展示、学びに役立てるかでした。博物館には学芸員といって、学校や教育委員会に戻れば教師という方々がいます。その学芸員の知識や研究を小中学生をはじめ、県民にいかに還元するかも検討しました。

私の脳裏には、博物館は学校の外にある「代表的なセカンドスクール」という考え方があったのです。来場を待つだけでなく、博物館側からも積極的に学びに関わっていくべきだ―。30年以上に及ぶ教職経験からたどり着いた結論でもありました。

故郷・東由利の友人や知人らが来館＝平成16年秋

参加体験型の「わくわくたんけん室」の設置、竪穴式住居や古い商家の復元などがその好例になるでしょうか。連日議論を重ねた学芸員をはじめ博物館職員の方々には随分、難儀をかけたと改めて感謝しています。

16年夏から秋にかけて青森、岩手、秋田の各県で開いた3県博物館の「北東北共同展」やフィリピンの世界遺産を取り上げた「風ひかる棚田展」もいい思い出です。教職員時代とは一風異なる博物館での日々でした。

■地域とともに

学校・地域が一体活動

長く生きていると、こつこつ積み上げてきた事柄が結び付き、まとまった形を成してくることがあります。県立博物館館長の後、由利本荘市教育長になってからもそうでした。教師になって間もなくの頃から、授業の充実を目指す一方、学校外に学びの題材を求める活動にも力を入れてきました。学校近くで野外観察・調査活動（フィールドワーク）をしたり、地域の方に外部講師として来てもらい、さまざまなことを教えていただいたりしました。

活動が校内に限られると、視野が狭くなりがちです。もっと地域へ出ていって、風通しを良くするとともに、教科書や資料類では得られない生きた教材に触れた方が、学びの幅も奥行きも広がると考えたのです。

子供たちを連れて博物館や美術館などへ出掛けたのもその一環です。この試みは、各種施設が「第二の学校」になるという意味で「セカンドスクール」と呼ばれることになります。

地域住民が学校運営に積極的に関わり、学校と一体となって活動する「コミュニティースクール（略称CS）」という考え方が知られるようになったのは、平成の中頃でした。コミュニティーとは日本語に訳せば地域共同体。アメリカを発祥とすることから、横文字表記が一般的になったようです。

「これだ」と思いました。自分がこれまで試みてきたことが体現されているかのようでした。もっと外に対して「開かれた学校」になり、

由利本荘市内のCSの担当者が集い、協力し合う連絡協議会＝令和２（2020）年初め

連携を強めないと、教育が立ち遅れる気がしたのです。高学歴の保護者が増え、情報化が進んだことを主因に、学校だけでは充足し切れない、外部の協力が一層必要になっていたと言った方がいいのかもしれません。

教育長になって3年後の平成20（２００８）年以降、由利本荘市内への導入の本格検討を始めました。元々学校と地域の結び付きが強い地域です。ＣＳ導入によって「絆」が一層深まっていったと判断しています。

全小中にＣＳを設置

「コミュニティースクール（略称ＣＳ）」には地域住民が参加する以上、おのずと地域の自然や歴史、文化、産業が関わってきます。学校のある地域に題材を求め、住民らに協力してもらう「ふるさと教育」を一層進める教育活動です。

この秋田独自のふるさと教育には、県教育庁にいた時から、推進役として慣れ親しんできていました。東京・三鷹市や京都市といったＣＳの先進事例を参考に、ふるさと教育の経験も生かしながら、由利本荘市内へのＣＳ導入を推し進めました。

ＣＳは運営母体として、小中学校ごとに学校運営協議会を設けます。メンバーは学校と地域住民、それに教育委員会がバックアップ役として加わります。教育長になってから9年後の平成26（２０１４）年度中に、全部で計26のＣＳ運営協議会の発足にこぎ着けました。

どのCSも地域の特色を生かし、興味深い試みを展開してくれました。ただ一つだけ挙げるとすれば、矢島高も参加した矢島小中学校の「ひまわりプロジェクト」になるでしょうか。

矢島高の旧校舎跡地に農家らの助力を得ながら、ヒマワリの種を植え、育てるのです。その体験は植物の成長への関心を高めます。大人も含めた小中高生の共同作業によって、人の温かさに触れることができます。

収穫したヒマワリの種を風船に入れ、手紙を添えて飛ばすのも子供にすれば、大きな楽しみだったでしょう。お隣岩手で拾った方から連絡が来た時には、学校中で話題になったという話を聞きました。

ヒマワリの種が入った風船を飛ばす子供たち＝21年7月

過疎化が止まりません。人口も子供の数も減っていく一方です。なかなか特効薬は見つかりません。でもまだ地域に根を張り、子供を見守り、育んでくれる人がたくさんいます。CSの活動をした子供はもちろん、大人たちも大半が明るく生き生きしてきます。CSは、人口減社会にあって、学校ばかりか地域の方々の活力も引き出す大事な仕組みです。

谷川さんの歌に感動

今聴いてもいい歌です。由利本荘市の誕生に伴い、作られた市歌です。市教育長になって2年目の平成18（2006）年、制定に携わりました。

本荘市と由利郡7町がまとまり、由利本荘市が生まれたのが17年3月。新市にふさわしい歌が必要ということで準備が進み、翌18年本格化。教育長として制定委員会に加わりました。

「人の縁」とは不思議なものです。市長に依頼され、作詞・作曲してもらう候補を探す際、知人が次から次へとつながり、詩人の谷川俊太郎さん親子に短期間でたどり着くことができたのですから。作詞は俊太郎さん、作曲は長男の賢作さん（作曲・編曲家、ピアニスト）にお願いすることになりました。

谷川さんとのやりとりをほぼ受け持ちました。自然や歴史・文化、産業など由利本荘市はこんな所でどんな特徴があるのかをお知らせ。市側として「鳥海山」と「宇宙」は詞の中に入れてほしいと要望しました。

鳥海山は由利本荘に限らず、秋田県の象徴。あまり知られていないことですが、宇宙は旧本荘市の歴代市長が内々唱えていた「天へ向かうイメージ」を表す言葉でした。

出来上がってきた市歌は見事というしかありませんでした。谷川さんは「二十億光年の孤独」に代表されるように、人の心の奥底に分け入る微細で優しいまなざしと、宇宙という広大な世界を見回す巨視的な見方を併せ持っています。

「鳥海の　山きよらかに裾をひき／頂はめぐるめく宇

谷川さん親子作による市歌をお披露目＝平成18年11月

宙につづく／子どもらとともに夢見て明日を創る」。2番から成る市歌は、こう締めくくられています。1番目の末尾には「先人の知恵に学んで今日を生きる」とつづられています。

散文は詩（詞）歌に憧れるといいます。鳥海という霊峰の下、長い歴史の上に今があり、これから子供らと未来をつくっていくのだ―。短く言い切った詞には畏敬しかありません。

避け得ぬ学校統廃合

自分が通い、場合によっては保護者としても関わってきた「学びや」がなくなる気持ちはよく分かります。小中学校の統廃合に「身を切られる思いだ」という哀惜には胸が痛みます。

その一方、学校はどうしても一定の規模（子供数）が必要です。勉強とともに、社会へ出ていく前段として「集団生活」を学ぶ場だからです。

このバランスをどう取るか—。教育長として思い悩みました。由利本荘市も人口(子供)減が進み、統廃合が避けられなかったのです。平成23（2011）年から令和3（2021）年にかけて、21の小学校を13校に、11中学校を10校へと統合せざるを得ませんでした。

まだ承服できないという方もいます。「できれば統廃合はしてほしくなかった」という人たちを含めれば、相当数に上りそうです。でも統廃合の裏側には複雑多岐な事情もあるのです。

小中学校の教員には定数があります。学校の児童生徒数に応じて、教員の配置数が国によって決められています。子供が減れば、教員も減る仕組みです。教員が足りないのでは教育は成立しません。二つないし三つの学校を統合してでも、子供を一定の人数以上にして、教員を確保しなければならないのです。

小中学校の多くは明治期に起源をたどることができます。歴史が長い分、地域の方々の思いが詰まり、大抵はシンボルでもあります。それは尊重したい。しかし、かつて子供だった私たちを育ててくれたように、今度は大人になった私たちが今

川内、直根（ひたね）、笹子（じねご）の3小が統合して誕生した鳥海小

の子供を育む責務を負っています。

それには、過疎に歯止めがかからない以上、統廃合から逃げるわけにはいかないと捉えています。これは由利本荘市に限らず、秋田県全体にもいえます。

〈県内では平成元年以降、小中高校の統廃合が急速に進んだ。元年当時、小学校３４３校、中学校１４７校、公立高校57校だったのが、令和３年４月時点で小学校１８１校、中学校１０９校、義務教育学校１校、公立高校45校にまで減っている〉

鳥海に抱かれ、守られ

地域にはシンボルとなる山があります。守り神としてあがめることもあれば、自然の恵みの源として感謝しつつ、見上げることもあります。

由利本荘にとっては鳥海山がそれに当たります。古代から信仰の対象であり、中世から近世にかけては数多くの修験者が入山、修行しました。今も雨は伏流水となり、大地を潤し、日本海へと注ぎ込みます。多くの動植物が生息・群生、山の景観とともに、訪れる者の目を楽しませてくれています。

この霊峰の麓近くで生まれ育ち、「秀麗無比なる」で始まる秋田県民歌を誇りとする私の胸にはいつしか、何かしなければならないという思いが芽生え、徐々に形を成してきました。それは私を抱くように見守ってくれた鳥海山への恩返しでした。

大学進学を機に由利本荘を離れてから40年余。市教育長として帰郷しました。それから3年後の平成20(2008)年初め、「鳥海山の会」の設立にこぎ着けたのです。霊峰への感謝の念を抱きつつ、会設立準備委員の一人として奔走してみて、鳥海山への思いが住民間でいかに強いかを改めて知りました。

翌21年、忘れ難い出来事が相次ぎました。年初めに5月11日を「鳥海山の日」と制定。7月には国指定史跡「鳥海山」として認められたのです。双方に共通しているのは、鳥海山の神とされる「大物忌神《おおものいみのかみ》」です。

5月11日としたのは、歴史書でこの神が位や勲章を授けられた日と確認できたからです。国史跡はお隣山形側の「大物忌神社境内」が先行指定されていました。それに秋田側の4カ所を加え、国指定史跡「鳥海山」

「鳥海山の会」メンバーらで登山＝平成27年7月

として広域認定されたのです。

鳥海山は自宅のある岩城亀田の高台からも望むことができます。今は雪で真っ白ですが、四季折々、姿を変えます。朝と昼には「鳥海の　山きよらかに」という市歌のメロディーが防災無線を通して流れてきます。年を取っても自分は「鳥海の子」だと感じ入るひとときです。

遠藤氏の業績に学ぶ

毎年、一喜一憂しています。ノーベル賞のことです。郷里の大先輩・遠藤章さん（東京農工大特別栄誉教授）が選ばれないかと「はかはか（やきもき）」しているのです。

遠藤さんからとても印象深い話を聞いたことがあります。小さい頃、おばあさんと一緒に寝ていて、「おなかが痛い」と言うと、よくさすってあげたというのです。ごろっとした感触があり、いわゆるがんと聞きました。おじいさんも薬草で手当てするのに秀でていたそうで、病気の人を助けたいという原点になったような気がします。

実験を重視したそうです。実験から仮説を立て、それが本当に正しいのか、さらに徹底的に実験を重ねる—。科学の手法はおおむね二つに大別されます。事実や事例から共通点を探し、結論に至る「帰納法」と、理論からそれに合う事例を当てはめて結論に至る「演繹《えんえき》法」です。素人ながら、遠藤さんは帰納法に属すると捉えています。

　アメリカに行った時の話も、遠藤さんらしい考え方だなと思いました。あちらの学者や教授たちは実にディスカッション（議論）好きだ。でもその説の根拠となると、怪しくなってくる。本当に実験を重ね、裏付けを取っているのか―。科学者の本質を教えていただきました。

　遠藤さんのことはこちらとしては知っていたのですが、実際、知己を得るのは平成2（1990）年、中学校の進路指導の一環として、秋田で講演してもらってからです。苦学をして大学を卒業、目標に向かって粘り強く努力する姿に感銘、共鳴しました。以後、遠藤さんが帰郷、ないし私が上京するたびに

遠藤さんの顕彰碑の前で＝由利本荘市東由利老方、21年秋

会議や会食などでご一緒させてもらっています。

令和2（2020）年、遠藤さんの顕彰会発足と同時に会長になりました。昨年5月には顕彰碑を建立しました。遠藤さんの人生行路は、ノーベル賞を受賞するかどうかを超えて、人の歩み方を考える上でこれ以上ない道しるべとなっています。

■学びとは、教育とは

タブレット活用に挑戦

「探究型授業」とタブレット端末やパソコンの活用をどう両立させるか——。現在、秋田の教育が直面する最大の課題です。

探究型の核は、話し合いや学び合いを重ね、分かったという達成感を獲得。振り返りを経て学びを定着させた上、次の授業への期待感を持たせるところにあります。見逃してならないのは、この授業を支えているものです。子供と教師の信頼関係、突き詰めれば、子供同士も含めた「温かい人間関係」といっていいでしょう。

その一方、タブレットやパソコンは今後、その活用の必要性がますます高まっていきます。日常生活も学業も仕事も、それなしには成り立たなくなっています。学校教育ではどんな内容や方式の授業も、タブレットやパソコンが1台あれば、受講できる時代がやってきています。

　この情報通信技術を使わない手はありません。子供の将来を考えると、むしろ積極的に取り入れていくべきです。半面、課題も見えてきます。現時点では、タブレットやパソコンと教科書をはじめ従来の教材が混在するなど、試行錯誤の真っただ中にあります。しかし、いずれは新たな授業法が確立され、子供も教師も習熟していくはずです。

　一番の問題は、学び合いをどう確保し、学ぶ意欲をいかに維持・向上させるかだと捉えています。探究型ではグループにしろクラス全体にしろ、対面でやりとりし、刺激し合いながら、学びを深めます。タブレットやパソコンは使用頻度が上がれば上がるほど、画面と向き合う時間が増えます。人同士の直接の触れ合い

模索が続くタブレット（パソコン）活用授業＝秋田大附中

や学び合いが少なくなっていっても意欲的に学習、深い学びへと到達することができるのか…。

将来起こるかもしれない光景が脳裏に浮かびます。教師も子供も画面に目を落としたまま、直接はろくに話もしない寒々とした授業です。杞憂《きゆう》かもしれません。でもコロナ禍で実施された大学のオンライン授業はどう考えても健全ではありません。

戦前から教育熱脈々

今、手元に一冊の分厚い本があります。タイトルは「ふるさと秋田の学び」。秋田の教育の土台である「ふるさと教育」の定本教材です。秋田の自然、歴史、文化、産業を総合的に学べる内容です。平成8（1996）年2月に刊行されました。

この本が大事なのは、秋田の教育をもっと良くしようと、大学をはじめ多くの教師たちがその思いを結集させたことです。執筆者はもちろん、協力者まで含めると関わった方は総勢300人余。その熱き活動が周囲も動かし、ふるさと教育を全県に広げる原動力となりました。

秋田の教育界が粋を集めたのは、これが初めてではありません。戦前の昭和14（1939）年、「綜合郷土研究」がまとめられました。郷土や国を賛美する色合いが濃かったものの、県師範学校と県女子師範学校（現秋田大教育文化学部）が取り組みました。

　終戦間もなくの25年には、秋大と県内高校教師の有志によって「社会科研究資料わが秋田」が上梓《じょうし》されました。太平洋戦争で世の中は混乱していました。戦後、軍国主義教育から民主教育への転換を迫られ、県内の学校教師たちは四苦八苦。戦中までの教育は何だったのかと思い悩み、職を離れる教師もいたと聞いています。

　しかし戦争を経ても、教師たちの教育への情熱が衰えることはありませんでした。中でも郷土愛の強さは一貫しています。それは戦前の「綜合郷土研究」、戦後の「社会科研究資料わが秋田」と、「郷土」や「わが秋田」と銘打っていることにもよく表れて

全502ページの大冊「ふるさと秋田の学び」

います。

「ふるさと秋田の学び」も故郷秋田への思いという点では同じです。戦前から県内教師の間で脈々と受け継がれてきた教育への思いが平成に入り、いま一度、実を結んだのです。秋田の教育史という観点からすれば、今の「探究型授業」や「全国学力トップ級」は、戦前からの積み重ねの所産といっても構わないかもしれません。

教育は人と人の営み

人生に必要なことは何か――。人によってさまざまでしょう。でも教育に携わってきた者として、今、改めて思うのは心豊かに生きるための「教養」です。

近年、特に「リベラルアーツ」が重要視されるようになっています。「教養教育」と訳すのが一般的です。語学（文学）、哲学（倫理学）、数学（科学）、音楽など基礎的なことの習得を通し、自由・創造的な発想や批判的な知性を育む狙いがあります。

秋田の小中学生の「全国学力トップ級」は、トップ級なことだけに意味があるのではありません。「ふるさと教育」によって地域や故郷で暮らしていることの良さを実感、学ぶことの楽しさを知ってもらう。その意欲を基に「探究型授業」で考える力を養う。秋田の教育は、子供たちが身に付けていくであろう教養の礎を形づくっている――。そう捉えています。

教養とは違う問題にも胸を痛めています。不登校や引きこもりどころか、生きることをやめる子供さえいます。勉強ができるに越したことはありません。でも人は、生きているだけで十分に価値がある…。最近そんな心境に至っています。

由利本荘市教育長を辞して2年弱。50年余りの教職生活を振り返りながら、教育とは何だろうと自問しています。教師とすれば、子供にどれくらい心を砕くことができるか。それに尽きるといってよさそうです。

子供にすれば、保護者や地域の方々を含め、どれくらい温かく見守り、寄り添ってもらえるか、そ

今も教育のことを考える日々＝由利本荘市岩城亀田の自宅

れが決定的に重要です。そのためには子供と教師が面と向かい合い、直接やりとりし合う営みがどうしても必要です。

そもそも人生は、人と人の直接の関係で成り立っています。関係が希薄になり、孤独・孤立した毎日ではあまりに味気ありません。子供、さらに若者たちには、スマートフォンやパソコンをうまく使いこなす一方、人生には何が大切なのかを見失ってほしくないと願う昨今です。

年譜

佐々田　亨三　略年譜

昭和18（1943）年　9月13日、由利郡玉米村（現由利本荘市）に生まれる
25（1950）年　玉米小学校入学
31（1956）年　玉米中学校入学
34（1959）年　本荘高校入学。
38（1963）年　秋田大学芸学部入学（歴史専攻）。啓明寮に入寮する
42（1967）年　秋田大学芸学部中・高課程社会科卒業。同学芸学部教育専攻科入学
43（1968）年　3月、秋田大教育学部教育専攻科修了。玉米中学校講師
10月、秋田大教育学部附属中講師。

教育施策の流れ

昭和22（1947）年
日本国憲法施行。教育基本法公布・施行。学習指導要領試案で児童中心主義・経験主義的カリキュラムが示される
26（1951）年
学習指導要領第1次改訂
33（1958）年
学習指導要領第2次改訂。基礎学力の充実、系統的な学習を重視。「道徳の時間」を新設
43（1968）年
学習指導要領第3次改訂。教育内容の現代化（「集合」の導入）

44（1969）年　公開研究会で秋田地裁での傍聴を基に「刑事裁判」の授業公開
45（1970）年　西目村立西目中教諭（英語、社会科）
46（1971）年　進路指導「観察・指導」全県公開
47（1972）年　秋田市立秋田南中教諭（社会科、郷土研究部、男子体操部など担当）。佐々田由美子と結婚し、髙橋から佐々田に改姓
48（1973）年　1月、長女ともみ誕生
51（1976）年　7月、長男悠誕生
53（1978）年　県立博物館で歴史授業実践
54（1979）年　秋田市立山王中教諭。第1回AKT少年の船（セミナー担当）硫黄島・サイパン島説明

52（1977）年
学習指導要領第4次改訂。「詰め込み」から「ゆとりと充実」へ、指導内容や時数の削減

56（1981）年
文部省が「自己学習能力の育成」を提唱

61（1986）年
秋田県で心の教育県民運動

62（1987）年
教育課程審議会答申。基礎・基本の重視、個性を生かす教育の充実

55（1980）年　秋田大教育学部附属中教諭（社会科）。毎年、公開研究会を開催し、授業公開

平成元（1989）年　教務主任と研究主任を兼務する

2（1990）年　県教育庁中央教育事務所指導主事

5（1993）年　県教育庁義務教育課主任指導主事。「ふるさと教育」推進

6（1994）年　県教育庁義務教育課課長補佐。県「学習状況調査」（小・中抽出）実施

7（1995）年　県教育庁義務教育課主席課長補佐。県、「ふるさと秋田の学び」発行。

8（1996）年　秋田市立桜小校長。県市指定「指導方法の改善」全県授業研究会。衆議院文教委員会の視察を受ける

10（1998）年　県教育庁義務教育課長。「ふるさと

平成元（1989）年
学習指導要領第5次改訂。新しい学力観が示される。個性を生かす指導の充実、生活科の新設など

5（1993）年
文部省が業者テストを廃し、偏差値教育の是正の通知

7（1995）年
学校隔週五日制（第二・第四土曜週休）の導入

10（1998）年
学習指導要領第6次改訂。生きる

子どもドリーム事業」に取り組む

13（2001）年　県教育庁教育次長。少人数学習推進事業の推進。国際教養大の創設期に関わる。文部省教育課程調査員に任命

15（2003）年　秋田県立博物館長

17（2005）年　6月、由利本荘市教育長

19（2007）年　秋田大教育文化学部外部評価委員

20（2008）年　矢島中・矢島高の中高連携校が開校

22（2010）年　本荘南中で「リアル熟議in秋田」開催

25（2013）年　6～7月、大阪府箕面市の140人が由利本荘市の授業等学校視察。後日、箕面市市長、教育長も視察

27（2015）年　三重県の鈴木英敬知事が由利本荘市を訪れ、授業等学校視察・教育懇談

力の育成。授業時数を大幅削減し「総合的な学習の時間」新設、完全学校週五日制の実施

14（2002）年
遠山敦子文部科学大臣が「学びのすすめ」アピール。確かな学力の向上、基礎・基本の徹底

18（2006）年
学習指導要領改訂素案。中教審「ゆとり」路線を修正

19（2007）年
全国学力学習状況調査実施

20（2008）年
学習指導要領第7次改訂。「確かな学力」の確立と授業時数増加。小学校校外国語導入。いわゆる「脱ゆとり」へ

28（2016）年　第5回「全国コミュニティ・スクール in由利本荘」開催。西目小、西目中、アクティブ・ラーニングフィールド校に文部科学省指定

令和2（2020）年　3月、由利本荘市教育長退任。10月、由利本荘市自治功労賞受賞

3（2021）年　瑞宝双光章受章

27（2015）年
学習指導要領一部改正。道徳の「特別教科」化。考え、議論する道徳教育への転換

29（2017）年
学習指導要領第8次改訂。資質・能力の三つの柱「知識及び技能」「思考力・判断力・表現力等」「学びに向かう力・人間性等」を挙げる。「主体的・対話的で深い学び」（アクティブ・ラーニング）の授業重視へ。小学校外国語科の新設。カリキュラム・マネジメントの推進

令和元（2019）年
文部科学省、小中学生1人につき1台、パソコンなどの端末を整備する「GIGAスクール構想」を打ち出す

あとがきにかえて

あとがきにかえて

昭和18年、山あいの村に生まれ、短靴を履いて土や砂利の道、山野を駆け巡り、稲株の残る田んぼで三角ベースの野球に興じた少年時代、交通機関は唯一「木炭バス」でした。学校は単学年で、小学校1年生の時には疎開してきた児童も加えクラスは60人余りと多く、担任の先生が汗だくになって授業をしてくれた姿は、今もって忘れられません。

日本の戦後は廃虚からの国体の変革、民主化政策が次々と出され、教育関係では学習指導要領改訂の度ごとに大きな変革が図られる中で、私は小中学校、高校、大学教育を受けました。その後、教員、校長、県の教育委員会、県立博物館長、由利本荘市教育長と五十数年以上に及び教育関係の職に就いたことは、まさに戦後教育とともに人生を歩んできたことになり、感無量と言わざるを得ません。

教育の目標、内容などカリキュラムの基準である学習指導要領などは私の小学校入学を前に「試案」が示され、小学校2年生時には第1次改訂が始まり、教員になった昭和43年には「教育内容の現代化」の第3次改訂が出されています。その後も10年ごとに改訂がなされて、平成29年には第8次改訂となり、また、この間には教育課程審議会答申、中央教育審議会答申、臨時教育審議会答申、文部科学大臣アピール、教育再生実行会議の提言等々も出されました。私はその都度、指導内容などの変遷に応える職に就いていたことになります。

秋田魁新報社から「時代を語る」の取材依頼を受けた時、教育に携わってきた者として、子供との関わりをどのように語るか、また、教育行政も複雑多岐にわたるので正直、躊躇《ちゅうちょ》しました。それでも引き受けてしまったのは、ベテランの鈴木亨編集委員（当時）の熱意にほだされたのかもしれません。鈴木氏は「秋田県が学力・学習状況調査でトップ級を占めている理由や背景も含めて、戦後教育の移り変わりを語り合いながら取材したい」との教育への高い関心、施策問題を深掘りしようとする思いがありました。

鈴木氏の取材・聞き取りは10月上旬から始まり、連載が終了する1月下旬まで続きました。極寒、寒波の日でも来宅し情熱を傾注していただきました。鈴木氏と「戦後教育を問答し合い、議論し合う」ことが続きました。鈴木氏は、私のつたない教育経験に鋭くメスを入れ、見事な記事にしてくださいました。多くの読者の方からお便りを頂く度ごとに感謝しているところです。

今、この本を手にして私は改めて、秋田県が学力トップ級を維持している背景には、まず教師の指導法、改善への熱意とふるさと教育の実践があると確信しています。ふるさと教育の実践では、学校・教職員・子供たちが地域の方々からいかに多くを学んだことか。指導資料「ふるさと秋田の学び〜出会い・発見・感動〜」の命名は、秋田大学学長室での「子供がいかに希望をもって学ぶことができるかという話し合い」が土台となっています。

県学習状況調査は幾多の困難を克服しながら、抽出調査、さらに悉皆《しっかい》調査を実施できました。TT（ティーム・ティーチング）のための教員の加配、少人数学級推進については、知事が県議会で方針とその有用性について提案し、議会で議決をしていただき、多額の予算が計上されました。「みんなの登校日」や「学校生活に関する保護者アンケート」は学校の活性化を促し、開かれた学校の先駆的事業になったと評価されております。特に、学校の教育目標の実現に向けて教職員が一体となり、「チーム学校」として総力を挙げて取り組んだ「ふるさと子どもドリーム事業」、そして学習指導における「秋田の探究型授業」は近年、国の教育実践課題となっていることは何よりの証左といえます。

子供は「未来に生きる、未来からの使者」であり、子供にとって常に最適な学習環境、特に今日ではICT（情報通信技術）教育も保障されなければなりません。秋田の探究型授業は、子供の主体的な学びのサイクルの確立を目指し、学び合いを保証し、子供が考える力、表現する力などを身につける授業です。「子供が自ら考え、友と話し合い、考えを修正したり、新たな考えを出したりして学習を深め合う授業」を通して、子供が新たな価値を創造し、未来に生きる力を身に付けていくものです。秋田の探究型授業の学びのサイクルに、急速化しつつあるICT教育・学習用端末の活用がどう作用し、どう役立つかの授業実践の積み重ねと、有効性の検証などを抜きにして、その成果を語ることはできないでしょう。ぜひ、挑戦し続けてほしいものです。子供は学びの世界で、多様な問い、不可思議さに出合い、発見し、感動を覚え、一歩一歩登り切り、学ぶ喜びに浸ります。

鈴木亨さんには、私が語った長年のさまざまな教育活動を秋田県教育の歩みに位置づけていただいたことに心から感謝申し上げます。推薦の言葉を頂いた新野直吉先生は学生時代の恩師で、秋田大学附属中学校校長として、県立博物館名誉館長としてもご指導を賜り、また由利本荘市教育長時代にも数々のご指導を頂戴し、しかも、この「時代を語る」の連載中にも激励していただきました。先生は98歳というご高齢にもかかわらず、全てにわたって鋭い論拠、明快さ、そして勢いのある筆致はいささかも衰えることなく、いまだ学ぶ道を示してくれております。最後になりますが職を全うすることができましたのは、上司、先輩、同僚、そしてご縁を頂いた方々の温かいご指導の賜物です。心から感謝と御礼を申し上げます。本書の出版に際しまして助言を賜り、きめ細やかなタイトル、年譜など整理・編集していただきました秋田魁新報社事業局企画事業部の三浦美和子さんに心から感謝とお礼を申し上げます。

2023年8月

佐々田　亨　三

主な共著・論文など

・「角川地名大辞典　秋田県」（1980年、角川書店）
・「秋田大百科事典」（1981年、秋田魁新報社）
・「秋田市大事典」（1986年、図書刊行会）
・「近代の秋田」（1991年、秋田魁新報社）
・岩城町史（1995年、岩城町）
・秋田県郷土教育資料歴史編「秋田のあゆみ」（1976年、秋田県教育センター）
・史跡と人物でつづる「秋田県の歴史」（1978年、郷土史研究会、光文書院）
・中学校の共同学習（1979年、学び方教育講座2、明治図書）
・教科書を生かした学び方指導（1982年、明治図書）
・秋田県社会科研究の歩み（1982年、秋田県社会科研究協議会、山内印刷）
・秋田県郷土教育資料歴史学習編「秋田の歴史と文化」（1984年、秋田県教育センター）
・自立的な学習者の育成（1985年、秋田大附属中学校、明治図書）
・社会科教育の基底（2001年、梓出版社）

・感動する鳥海山（２０１９年、鳥海山の会、高野写真印刷）
・中学校における個人差に応じた学習指導事例集（１９８８年、秋田県教育センター）
・「道徳の時間」実践事例集（１９８８年、秋田大附属中学校）
・「地域学習と生活文化」（１９８９年、秋大研究所報第26号）
・凍結続く青秋林道〜ブナ原生林保護を巡って（１９８９年、「社会科教室」、中教出版）
・選択教科の指導と実践に至る過程（１９９０年、秋田県教育雑誌第21号）
・こどもの夢や願いに応える〜指導要録改訂に学ぶ（１９９４年、秋田県教育雑誌第32号）
・私の学校経営「２クラスに教師３人のＴＴ実現」（内外教育）
・学校の創意が生き特色ある学校づくりのために〜規制緩和が生きる学校支援（２００３年、教育展望、教育調査研究所）
・総論「教育にゆとりは必要か」（２００３年1月3日付、秋田魁新報鼎談）
・「ミュージアム・フレンズ」国際博物館の日に寄せて（２００３年5月20日付、秋田魁新報）
・「セカンドスクール事業と博物館教室」「リニューアルオープンと魅力的で活力ある経営を目指して」（博物館研究４３６号、日本博物館協会）
・「変わる教育委員会」（２０１１年、週刊教育資料2月7日号〜4回連載、日本教育新聞社）

・「ふるさと教育推進～震災を通じて思う～」（２０１１年9月13日付、秋田魁新報）
・グローバル化に対応する学校教育～今、学校に求められる変革～（２０１３年、教育展望№45、教育調査研究所）
・「白瀬矗　大和雪原に立つ」（２０１３年、白瀬百周年記念誌実行委員会）
・学力上位県のひみつ（２０１７年、千々布敏弥編、教育開発研究所）
・ふるさと教育を基底としたコミュニティ・スクールの実現（２０１７年、日本生涯教育学会年報第38号、日本生涯教育学会編）
・「全小中学校コミュニティー・スクールのまち」（２０１７年、社会教育８５１号、日本青年館）
・コミュニティ・スクールの全貌（２０１８年、文唱堂印刷）
・「教育長だより」（２０１８年、日本教育、年度末まで1年間連載）
・ふるさと教育は伝統文化教育を担い「主体的・対話的で深い学び」を太め高める（２０１９年、桃山学院大学共同開発、銀河書籍）
・道徳自作資料「マネージャーから栄光のメダリストへ」＝１９７８年、秋田南中学校3年8組担任時の生徒・佐々木静香の新体操部の活躍を資料化（１９８０年、明治図書）

未来を生きる子供の教育

定　　価	880円（本体 800円＋税）
発 行 日	2023年10月1日
編集・発行	秋田魁新報社
	〒010-8601 秋田市山王臨海町1－1
	Tel. 018(888)1859
	Fax. 018(863)5353
印刷・製本	秋田活版印刷株式会社

乱丁、落丁はお取り替えします。

ISBN978-4-87020-432-4 c0223 ¥800E